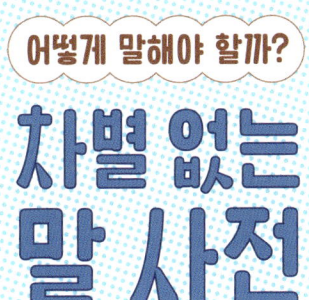

어떻게 말해야 할까?

차별 없는 말 사전

어떻게 말해야 할까?

차별 없는 말 사전

아웃박스 글
소복이 그림

project p.

프롤로그

'사전'의 뜻을 찾아보면 이렇게 쓰여 있어요.

*낱말을 모아 일정한 차례에 따라 싣고
그 발음, 뜻, 사용법 등을 설명한 책.*

  사전은 기역부터 히읗까지, 우리가 쓰는 말을 차곡차곡 모은 책이지요. 말을 어떻게 사용하는지도 자세히 담겨있어요. 세상의 모든 말을 담은 그릇처럼요. 하지만 사전을 살펴보니, 좋은 말만 있는 게 아니라는 걸 알게 되었어요. 말 중에는 누군가를 미워하고 싫어하는 말이나 다치게 하는 말, 나와 너를 가르고 차별하는 말도 있었죠. 아마 우리가 사는 세상과 닮았는지도 몰라요.

  사전이 세상을 닮았다면, 사전을 새로이 만들면 세상도 달라지지 않을까요? 그런 기대를 안고 『차별 없는 말 사전』을 만들게 되었어요. 그래서 이 책은 여느 사전과는 달리 조금 특별해요.

  첫째, 세상의 많은 말 중에 '차별 없는 말'들을 골라 담았어요. 누구도 다치지 않길 바라는 마음도 함께요.

둘째, 가나다순이 아니라 우리가 만나는 세상의 순서에 따라 실었어요. 나와 가족, 친구를 거쳐 더 넓은 사회로 나아가며 새로운 세상을 만날 수 있도록 말이에요.

셋째, 원래 말의 뜻이나 사용법에 차별이 있었다면, 그 말의 뜻까지 새롭게 바꾸었어요. 보물 찾듯이 새로운 뜻을 발견해 보세요. "이 말을 이렇게도 쓸 수 있었네!"하고요.

넷째, 이 책은 사전이면서 그림책이기도 해요. 그림을 자세히 살펴보세요. 소복이 작가님의 따뜻한 시선으로 차별 없이 말하는 방법을 보여줄 거예요.

차별이 없다는 건 너와 나를 함께 생각한다는 뜻이고, 모두를 돌본다는 뜻이에요. 말을 하나씩 만날 때마다 우리는 더 나은 세상을 마주할 거예요.

꾹꾹 눌러 담은 55개의 말이 세상을 미움 대신 사랑으로 물들이기를.
결국 세상의 모든 말이 이 책에 실릴 수 있기를.

－아웃박스 선생님들이.

이상하게 내가 좋아져 버렸다.
내 아이가 좋아지고, 짝꿍이 좋아지더니,
친구가 보고 싶고, 엄마랑 아빠가 그리워지고,
창밖을 날아가는 새도, 야옹야옹 우는 길고양이까지도 사랑스러워지더니,
살도 찌고, 팔자 주름도 진해지고, 괜히 예민해져
못마땅하던 내가…. 갑자기 좋아져 버렸다.
결국 '차별 없는 말'이란 사랑을 이야기하는 말인가 보다.

이런 신비한 경험을 이 책을 읽으시는 분들도 느끼시길!

— 소복이 작가가.

차례

○ 프롤로그 • 4

가족 — 처음 만나는 세상

- 01 가족 • 12
- 02 보호자 • 14
- 03 돌보다 • 16
- 04 집안일 • 18
- 05 유아차 • 20
- 06 장난감 • 22
- 07 딸 • 24
- 08 아들 • 26
- 09 말썽 • 28
- 10 할머니 • 30
- 11 결혼 • 32
- 12 명절 • 34

관계 — 너랑 나랑 잘 지내기

- 13 친구 • 38
- 14 경청 • 40
- 15 대화 • 42
- 16 믿다 • 44
- 17 친절하다 • 46
- 18 나이 • 48
- 19 다르다 • 50
- 20 이해하다 • 52
- 21 존중하다 • 54
- 22 동의를 구하다 • 56
- 23 동의하다 • 58
- 24 거절하다 • 60
- 25 장난 • 62
- 26 지키다 • 64
- 27 지지하다 • 66

나답게 * 진짜 나를 마주하는 방법

28 울다 · 70 29 용감하다 · 72 30 당당하다 · 74

31 몸 · 76 32 외모 · 78 33 예쁘다 · 80

34 멋있다 · 82 35 꾸미다 · 84 36 예민하다 · 86

37 나답게 · 88 38 결정하다 · 90

세상 * 우리가 함께 살아가는 곳

39 공주 · 94 40 왕자 · 96 41 고정관념 · 98

42 피부색 · 100 43 운동장 · 102 44 안전하다 · 104

45 불편하다 · 106 46 편안하다 · 108 47 모두를 위한 디자인 · 110

48 차별 · 112 49 평등 · 114 50 도전 · 116

51 이끌다 · 118 52 꿈 · 120 53 권리 · 122

54 사랑 · 124 55 무지개 · 126

가족

처음 만나는 세상

01 가족

가족의 모습은 정말 다양해요!

가족 ** 주로 한집에 모여 살며 일상을 공유하는 사람들.

같이 살며 저녁을 함께 먹는 사이.

○

같이 살지 않더라도 마음으로 연결된 사이.

○

즐거울 때나 슬플 때나 가장 먼저 생각나는 사람.

○

"우리 가족은 할머니, 삼촌, 그리고 나예요!"

○

"옆집 언니는 결혼하지 않고 친구와 고양이와 같이 산대요."

○

"나는 보육원에 살아요. 우리 가족은 엄청 많아요!"

02 보호자

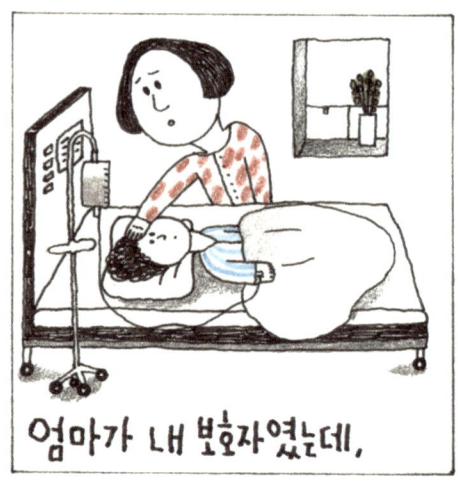

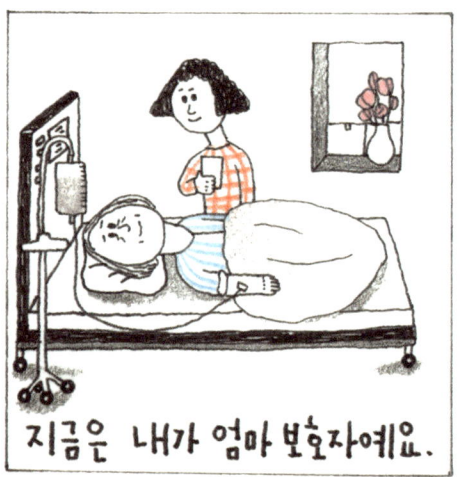

함께 있으면 든든해요.

보호자* : 누군가를 지킬 책임이 있는 사람.

아플 때 함께 병원에 가고 보살펴 주는 사람.
"환자 보호자분, 진료실 같이 들어오세요."

○

학교에서 가져온 가정 통신문을 확인해 주는 사람.

○

엄마나 아빠뿐만 아니라 친척 어른이나 선생님 등
여러 사람이 내 보호자가 되어 줄 수 있어요.

○

고모가 어릴 땐 할머니가 고모의 보호자였는데
이제는 고모가 할머니의 보호자예요.

03 **돌보다**

아이가 울면 우유를 먹이고 토닥토닥 재워요.

돌보다 ** 관심을 가지고 보호하며 살피다.

화분이 잘 자랄 수 있도록 물을 주고
햇빛을 받게 해 주는 것.

○

아이가 아플 때 이마에 물수건을 올려 주고
괜찮은지 살피는 것.

○

"아들, 한 입만 먹고 가~. 아빠 팔 떨어진다."
아침을 챙기는 것.

○

고양이가 다니는 길목에 사료와 물을 두고
따뜻하게 지켜보는 것.

○

누군가를 돌보는 일은 참 어려운 일이에요.
사랑과 노력이 많이 필요해요.

04 **집안일**

집안일은 우리 모두의 일.

집안일 ✱

✱ 집에서 생활하는 데 필요한 여러 가지 일.

요리부터 빨래, 설거지, 화장실 청소에
쓰레기통 비우기까지!
집에서 생활하기 위해 필요한 모든 일.

○

집에 사는 사람이라면 누구든 나눠서 해야 하는 일.

○

집안일은 한 사람의 일이 아니에요.
가족 모두가 함께해요.

05 **유아차**

유모차? 아니 유아차!

유아차 ** 어린아이를 태워서 밀고 다니는 수레.

아이와 보호자의 외출을 편하게 도와주는 물건.

○

예전에는 엄마들이 민다고 해서 유'모'차라고 했어요.
이제는 유'아'차라고 해요.

○

유아차는 어디든 들어갈 수 있어요.

○

카페나 식당에서 유아차를 보면 반겨주세요.

함께 읽는 보호자를 위한 도움말

유모차의 한자인 **젖 유(乳), 어미 모(母), 수레 차(車)**라는 표현은 아이를 돌보는 주된 양육자를 엄마로 제한하는 말이에요. 삼촌, 이모, 아빠 등 유아의 보호자라면 누구든 유아차를 밀 수 있지요. 수레를 타는 '유아'에 초점을 맞춘 '유아차'라는 표현으로 바꾸어 보아요. 이미 '유아차'와 '아이차' 모두 표준어로 등재되어 있답니다.

06 **장난감**

"어릴 때 만났던 첫 번째 친구."

장난감 *
아이들이 가지고 노는 여러 가지 물건.

심심할 때, 혼자 잠들기 무서울 때,
누군가를 꼭 껴안고 싶을 때 내 곁을 지켜 주는 친구.

○

"나는 인형만큼 로봇도 좋은걸."

○

여자, 남자 장난감 구분하지 않는다면
즐거움이 두 배!

딸 * 여자인 자식.

딸은 이래도 돼!

옷이 지저분해지고 무릎이 까질 때까지
밖에서 뛰어놀기.

○

있는 힘껏 큰 소리로 외치기.

○

땀 흘리며 캐치볼 놀이하기.

○

영웅이 되어 세상 구하기.

가족 • 25

08 아들

도란도란 훌쩍훌쩍 까르르!

아들 * * 남자인 자식.

아들은 이래도 돼!

친구와 함께 집에서 소꿉놀이하기.

○

시시콜콜 수다 잔뜩 떨기.

○

슬플 때는 실컷 울기.

○

무서울 땐 참지 않고 있는 힘껏 도망가기.

09 **말썽**

때로는 말썽꾸러기여도 괜찮아요.

말썽 * 문제를 일으키는 말이나 행동.

어렸을 때 다들 한 번쯤은 해 봤던 일.
혼날까 봐 가슴이 조마조마하기도 하고
때때로 웃음이 피식 나오기도 하는 일.

○

"강아지가 물병을 깨뜨렸어요."

○

"막내가 벽에 잔뜩 낙서를 했어요."

○

말썽은 예절을 배우는 과정이에요.

○

점잖은 어른들도 한때는 말썽꾸러기였어요.

10 할머니

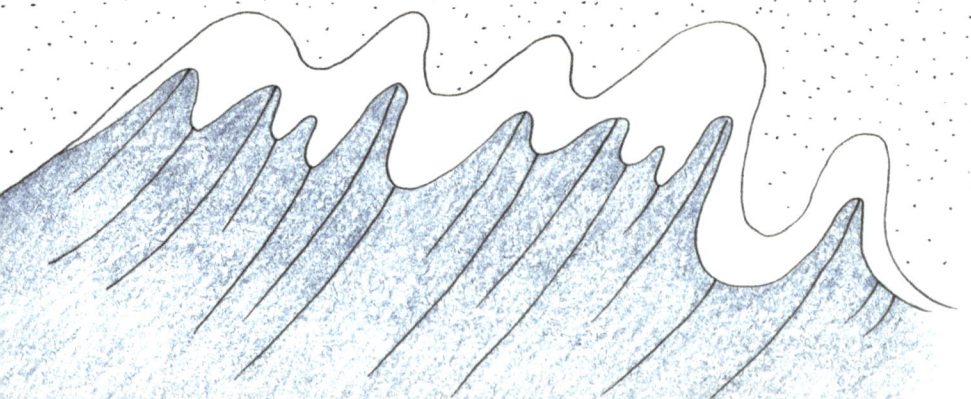

우리 할머니는 친구들과 여행 다니는 게 취미예요.

할머니* 부모의 어머니, 혹은 노인 여성을 부르는 말.

"아이고 우리 손주."라며 나를 반겨 주는 사람.

밤마다 재미있는 옛이야기 보따리를 풀어 주는 사람.

우리 집은 외할머니는 서울 할머니,
친할머니는 광주 할머니라고 불러요.

서울 할머니는 동네에서 제일가는 수영 선수예요.
광주 할머니는 사진을 멋있게 잘 찍으세요.

함께 읽는 보호자를 위한 도움말

아버지의 어머니는 친할머니, 어머니의 어머니는 외할머니라고 합니다. 친할머니의 친은 **친할 친(親)**을 쓰고 외할머니의 외는 **바깥 외(外)**를 사용합니다. 아빠의 엄마를 부르는 한자에는 '친하다', 엄마의 엄마를 부르는 한자에는 '바깥'이라는 의미가 담겨 있죠. 우리가 무심코 사용하는 낱말에도 차별이 숨어 있어요. 친할머니, 외할머니 말고 다르게 불러 보면 어떨까요? 예를 들면 사는 곳에 따라 서울 할머니, 광주 할머니라고 부르는 거예요.

든든한 내 편이 생기는 날.

결혼 * * 사랑하는 두 사람이 새로운 가족이 되는 하나의 방법.

서로에게 가장 친한 짝꿍이 되어 주자는 약속.

○

서로 존중하고 배려하며 살자는 다짐.

○

짝꿍이 아플 때 보호자가 되어 주는 것.

○

해도 되고 안 해도 되는 것!

명절 *
*설, 추석과 같이 해마다 즐기거나 기념하는 날.

자주 보지 못했던 친척들이 한자리에 모이는 날.

○

가족들이 먹을 음식을 함께 만드는 날.
삼촌이 전을 부치면 나는 그릇에 담아 옮겨요.

○

같이 준비하고 같이 즐기고 같이 정리해요!

○

사람마다 명절을 즐기는 방법은 다양해요.
어떤 사람은 온종일 푹 쉬거나 훌쩍 여행을 떠나기도 해요.

함께 읽는 보호자를 위한 도움말

모두가 즐거운 명절을 보내고 있나요? 즐거운 사이 누군가는 일하느라 힘들어 하고 있지는 않을까요? 명절이 모두에게 즐거운 날이 될 수 있도록 어른이 먼저 모범을 보여요. 어린이도 자연스레 평등한 명절을 보낼 수 있게요.

관계 **

너랑 나랑 잘 지내기

13 친구

"우리는 모두 친구!"

친구 * * 가깝게 오래 사귄 사이.

사과 반쪽도 나눠 먹고 싶은 사이.

○

친구를 사귈 때는 나이도 성별도 중요하지 않아요.

○

사람과 동물 사이여도 얼마든지
친구가 될 수 있어요.

○

"학원에서 만난 형과 나는 나이는 다르지만
정말 잘 통해!"

14 경청

오빠는 내 이야기를 제일 잘 들어 줘!

경청* 귀를 기울여 듣는 것.

친구의 말을 잘 듣기 위해 읽던 책을 덮고
눈을 맞추는 것.

○

동생이 느리고 서툴게 말해도
천천히 기다려 주는 것.

○

수어*를 사용하는 친구의 손을
주의 깊게 보는 것.

○

고개를 끄덕이고 맞장구를 치며 들어요.

○

상대의 생각이 나와 달라도 존중하며 들어요.

---

* **수어**: 청각 장애가 있는 사람들이 손과 손가락의 모양, 손바닥의 방향, 손의 위치, 손의 움직임을 달리하여 의미를 전달하는 언어를 말해요.

15 대화

우린 정말 이야기가 잘 통해요.

대화 ✳︎ 서로 마주하고 이야기를 나누는 것.

친구와 시간 가는 줄 모르고 수다 떠는 것.

○

목소리나 글자, 표정, 손짓으로 나눌 수 있어요.

○

대화를 잘하려면 먼저 경청해야 해요.

○

한 사람만 계속 말하거나 상대의 의견을 막는다면
진정한 대화가 아니에요.

믿다.** 기대고 의지하는 것.

"사실 나 그 애 좋아해."
비밀 이야기를 털어놓아도 불안하지 않은 마음.

○

창피한 일도 속 시원히 이야기할 수 있는 마음.

○

두렵거나 힘든 일이 있다면
믿을 만한 어른에게 이야기해요.

○

괴롭힘을 당하거나 위험하다고 느껴진다면
경찰에 신고하거나 믿을 만한 어른에게 도움을 요청해요.

> **함께 읽는 보호자를 위한 도움말**
>
> 아이가 실수를 했을 때, 혹은 문제가 생겼을 때 주저하지 않고 보호자에게 편하게 이야기할 수 있는 환경인가요? "괜찮아. 잘하고 있어. 그리고 잘하지 못해도 괜찮아."라고 이야기할 때 아이는 안심하고 기댈 수 있어요. 아이에게 믿을 만한 어른이 되어 주세요.

17 친절하다

마음을 베푸는 순간.

친절하다: 매우 정답게 대하다.

어려운 수학 문제를 차근차근 알려 주는 것.

○

아기와 함께 온 손님에게 식당 주인이
"어린이용 의자가 필요할까요?"라고 물어보는 것.

○

옆집 할아버지가 어린이에게
"좋은 아침이에요."라고 웃으며 먼저 인사하는 것.

○

하지만 못된 말에 친절할 필요는 없어요.

> **함께 읽는 보호자를 위한 도움말**
>
> '친절하다'의 뜻을 사전에서 찾아보면 '대하는 태도가 매우 정겹고 고분고분하다'고 되어 있어요. '순종하다, 순순히 따르다'라는 의미이지요. '아이'에게 친절하라는 말로 윗사람에게 고분고분한 태도를 요구한 적은 없었나요? 특히, 여자아이에게 자신감 있고 주체적인 모습보다 순종적인 태도를 바라지는 않았는지 생각해 봐요. 고분고분하다는 의미 말고, 정겹고 정다운 태도를 뜻하는 말로 사용하면 어떨까요?

18 나이

시간이 지나면 똑같이 늘어나는 숫자일 뿐.

나이 * 태어나 살아온 해의 수.

새해에 떡국 한 그릇을 먹듯이 나이도 한 살 먹지요.

○

나이는 숫자에 불과해요.
나이가 적든 많든!

○

어리다고 함부로 대하면 속상해요.

○

"60살이면 도전하기 딱 좋은 나이지!"
옆집 아주머니는 중국어를 배우신대요.

다르다 ** 서로 같지 않다.

"나는 떡볶이, 친구는 피자."
서로 좋아하는 음식이 같지 않은 것.

○

"우리 집은 나, 동생, 엄마, 할아버지가 살아요.
옆집에는 부부와 고양이가 살고요."
가족의 모습이 다른 것.

○

"나는 치마를 좋아하고 친구는 바지를 좋아해요."
좋아하는 옷차림이 다른 것.

○

다른 건 틀린 게 아니에요.

20 이해하다

설거지를 해 본 뒤로 집안일이 얼마나 힘든지 알게 되는 순간.

이해하다 * 깨달아 알다.
* 다른 사람의 사정을 생각하고 받아들이다.

"나 이제 100까지 셀 수 있어!"
모르던 것을 새롭게 깨닫는 것.

○

나는 소꿉놀이를 좋아하지 않지만, 형이 소꿉놀이를 좋아한다면
"서로 좋아하는 게 다를 수 있지!"라고 생각하는 것.

○

내 입장에서만 생각하다가
다른 사람의 입장을 생각해 보는 것.

○

임산부의 어려움을 이해하고 임산부석을 비워 두어요.

21 존중하다

모두의 의견이 똑같이 소중해요.

존중하다 : 높고 귀하게 대해 주다.

동생이 하는 말과 어른이 하는 말
둘 다 똑같이 중요하게 듣는 것.

○

생일 파티 음식을 정하기 전에
친구가 못 먹는 음식이 있는지 물어보는 것.

○

삼촌이 자세를 낮추어 나와 눈높이를 맞춰요.

○

친구가 내 고백을 거절해도 그 마음을 그대로 받아들여요.

22 **동의를 구하다**

"네 마음을 알려 줘!"

동의를 구하다 *나와 같은 생각인지 묻다.*

어떤 행동을 하기 전에
상대방도 나와 같은 마음인지 확인하는 것.

○

이모가 나와 뽀뽀하고 싶을 때
"뽀뽀해도 될까?"라고 물어보는 것.

○

동생을 안아주고 싶을 때
"안아줘도 될까?"라고 물어보는 것.

○

친구와 사진 찍고 싶을 때
"같이 사진 찍을래?"라고 물어보는 것.

23 동의하다

"응, 나도 좋아!"

동의하다 * 생각이 같다.
* 다른 사람의 제안이나 행동에 찬성하다.

내 마음도 똑같다고 알려 주는 것.

○

"응, 그래도 돼!"

○

"나도 그 말 하려고 했는데!"

○

"저도 그렇게 하고 싶어요!"

○

고개를 위아래로 끄덕끄덕.

24 거절하다

"음, 그건 싫어!"

거절하다 : 상대의 요구를 받아들이지 않다.

상대방과 내 마음이 다르다는 사실을 알려 주는 것.

○

"아니!"

○

"어제는 좋았지만, 오늘은 별로예요."

○

고개를 양옆으로 도리도리.

○

"잘 모르겠는데…", "음… 글쎄…"처럼
머뭇거리는 것도 거절이 될 수 있어요.

함께 읽는 보호자를 위한 도움말

누군가의 제안을 거절하기란 쉽지 않습니다. 특히 제안하는 사람의 힘이 더 세거나 나이가 많다면 더욱더 어렵겠지요. 그래서 거절에도 연습이 필요합니다. 아이가 가정에서부터 거절을 연습할 수 있도록 도와주세요. "네가 싫다면 얼마든지 거절해도 돼."라고요. 그리고 아이의 거절을 오롯이 수용해 주세요. 나를 싫어하는 게 아니라 아이의 경계가 여기까지구나 하고 이해해 주세요.

25 장난

모두가 즐거워하는 놀이.

장난 ✱✱ 재미 삼아 하는 놀이.

주변을 웃음바다로 만드는 귀여운 행동.

○

나도 즐겁고 친구도 즐겁다면 장난이에요.

○

"등 쿡쿡 찌르는 거 싫다니까!" 한 명이라도 즐겁지 않다면
장난이 아니라 괴롭힘이에요.

○

"네가 좋아서 장난치는 거야."라는 말은 틀렸어요.
좋아하는 마음은 다정한 행동으로 표현해 주세요.

26 **지키다**

나에게 날아오는 공을 누나가 멋지게 막아 주는 순간.

지키다 :* 소중한 것을 잃지 않도록 보호하고 살피다.

따돌림을 당하는 친구에게 다가가
같은 편이 되어 주는 것.

○

다른 사람이 나에게 상처 주지 못하도록
내 마음을 보살피는 일.

○

누가 시키지 않아도 반려묘를 잘 보호하는 것.

○

"우리 이모는 나라를 지키는 군인이에요!"

27 지지하다

우리는 서로를 지켜주는 울타리.

지지하다 * 어떤 의견에 찬성하여 같은 편이 되어 주다.

경찰이 되고 싶다는 언니의 꿈을 응원하는 것.

○

바느질하는 아빠의 취미를 도와주는 것.

○

주변 사람들의 반대에도 발레를 시작한
할아버지께 발레복을 선물하는 것.

○

"나도 같은 생각이야."
친구가 낸 의견에 힘을 실어 주는 것.

나답게**

진짜 나를 마주하는 방법

울다
* 기쁘거나 슬픈 감정
* 또는 아픔을 참지 못하여 눈물 흘리다.

굵혀서 피 나는 무릎을 보고
코가 시큰해지고 눈물을 글썽이는 것.

○

멀리 출장 간 엄마가 보고 싶어서
밤새 베개를 적시는 것.

○

슬플 때는 눈치 보지 않고 울어도 돼요.

○

실컷 울고 나면 후련해질 거예요.

29 용감하다

용감하다 * 용기가 있으며 씩씩하고 기운차다.

넘어질까 무서워도 자전거 페달을 힘차게 밟아 보는 것.

○

친구들이 무서워할 때 먼저 나서는 것.

○

실패하더라도 포기하지 않고 다시 해 보는 것.

○

싫은 일은 싫다고 말할 수 있는 것.

30 당당하다

실수해도 괜찮아. 자신 있게 보여 줘!

당당하다 * 모습이나 태도가 자신 있다.

친구들 앞에서 발표하는 게 떨리지만
큰 목소리로 자신 있게 말하는 것.

○

모르는 것을 주저하지 않고 물어보는 것.

○

"꼭 잘해야 해? 즐거우면 됐지!"
친구가 음치라고 놀려도 신나게 노래하는 것.

○

축구를 못한다고 움츠러들지 않아도 돼요.
공을 힘껏 차 봐요!

난 내 뱃살도 사랑해!

몸 *사람이나 동물의 모습을 이루는 전체.

팔, 다리, 얼굴, 배, 심장, 머리 등
나를 구성하는 모든 것.

○

내 몸을 있는 그대로 존중해요.

○

내 몸의 주인은 나예요.
누구도 내 허락 없이 나를 만질 수 없어요.

○

몸은 모두 다르고 모두 멋져요.

나답게

32 외모

우리는 쌍둥이라 외모가 닮았지만 성격은 완전히 달라요.

우리 외모는 다른 점이 많지만 좋아하는 건 정말 비슷해요.

우리는 단짝이어서 외모를 똑같이 꾸미지만 좋아하는 놀이는 달라요.

우리는 마음이 안 맞아 매일 싸웠는데 자주 보니 닮아졌어요.

우리의 외모는 태어날 때부터 다 다르게 생겼어요.
그냥 그뿐이죠!

외모 : 사람의 겉으로 보이는 모양.

나와 동생은 코가 닮았어요.

o

할머니는 눈 옆에 점이 있고, 나는 입가에 점이 있어요.

o

내 눈동자는 파란색이고 옆집 친구의 눈동자는 갈색이에요.

o

서로 다른 외모를 가졌을 뿐,
누가 더 나은지는 가릴 수 없어요.

33 예쁘다

할아버지의 예쁜 미소.

예쁘다
* 생긴 모양이 아름다워 보기 좋다.
* 행동이나 동작이 보기 사랑스럽거나 귀엽다.

밤하늘을 수놓은 반짝이는 별을 보며 드는 생각.

○

형이 새로 산 티셔츠를 보며 드는 생각.

○

나는 장미꽃을 보고 예쁘다고 말하고,
아빠는 안개꽃이 예쁘다고 해요.

○

'예쁘다'고 생각하는 기준은 각자 달라요.

함께 읽는 보호자를 위한 도움말

아빠가 아이에게 물을 마시라고 떠다 주었어요. 아이가 말했죠. "아빠 예뻐요." 어떤가요? 어색하게 들리시나요? 하지만 아이가 실부름했을 땐 "아이 예쁘다."라고 말하죠. 행동이 예쁘다는 말은 아이가 어른에게는 할 수 없는 말이에요. 어른도 아이의 행동을 칭찬할 때 "예쁘다." 대신, "고마워."라고 말해보면 어떨까요?

멋있다.* 보기에 좋다, 훌륭하다.

산 정상에 오른 뒤 경치를 보며 떠오르는 생각.

○

농구 경기에서 덩크슛을 넣은 모습을 보고 떠오르는 생각.

○

잘못을 인정하고 먼저 사과하는 것.

○

"여자는 예쁘고 남자는 멋있다?" 아니에요.
세상에는 멋진 여자도 예쁜 남자도 아주 많거든요.

35 꾸미다

꾸며 보았는데 어때?

꾸미다 ✱ 모양이 좋아지도록 손질하다.

생일 축하 카드를 색연필로 알록달록 칠하는 것.

○

매일 아침 거울 앞에서 모습을 정돈하는 것.

○

내가 좋아하는 스타일로 나를 단장하는 것.
원한다면 머리를 길게 기르거나,
짧게 자르거나, 파란색으로 염색을 할 수 있어요.

○

꾸미고 싶지 않다면 그것도 좋아요!

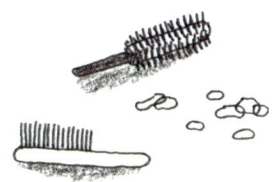

친구의 불편한 상황을 알아차리는 순간.

예민하다 **

무엇인가를 빠르고 섬세하게 느끼다.

"오늘 급식 카레다!"
냄새만으로 점심 메뉴를 맞히는 것.

○

"머리 잘랐어?"
친구의 달라진 머리를 알아봐 주는 것.

○

친구가 말하기 전에 마음을 알아차리는 능력.

○

동요 가사마다 엄마는 날씬하고
아빠는 힘이 센 게 이상하다고 생각하는 것.

37 나답게

다른 사람의 눈치를 보지 않고
내가 원하는 대로 선택하는 것.

나답게 ** 내가 어떤 사람인지, 나만의 모습을 찾아가는 것.

"여자답게 사뿐사뿐 걸어."라는
말을 들어도 내가 원하는 속도로 힘껏 달리는 것.

○

"남자답게 참아야지."라는
말을 들어도 힘들면 힘들다고 말하는 것.

○

친구들이 뭐라 해도 상관없어.
난 분홍 바지를 입었을 때 기분이 좋거든!

○

여자답게, 남자답게? 아니, 나답게!

38 결정하다

꾸밀지 말지는 내가 정해요.

결정하다 ** 어떻게 할지 분명하게 정하다.

"치마를 입을까, 바지를 입을까?"
오늘 어떤 옷을 입을지 정하는 것.

○

기분 나쁜 농담에 웃지 않기로 다짐하는 것.

○

"이모한테 뽀뽀해 줄래?"
아니에요. 내 몸에 대한 결정은 내가 해요.

○

서로의 방에 들어가기 전에는
문을 똑똑! 두드리기로 가족끼리 약속하는 것.

세상**
우리가 함께 살아가는 곳

나도 세상 곳곳을 모험하러 떠나 볼래!

공주 * * 왕의 딸.

동화 속 공주들은 성안에서 가만히 왕자를 기다렸지요.

위기에 놓인 왕자를 구하는 공주.

○

왕자와 결혼하지 않고 친구와 함께 모험을 떠나는 공주.

○

왕이 되어 나라를 멋지게 다스리는 공주.

왕자

말 타는 건 싫어! 정원에서 장미꽃을 심는 왕자.

왕자: 왕의 아들.

동화 속 왕자들은 가시덤불을 헤치고
산을 넘고 강을 건너 공주를 구하러 갔지요.

이런 왕자는 어때요?

파티에 입고 갈 멋진 드레스를 고르는 왕자.

○

옷에 예쁜 나비 무늬를 수놓는 왕자.

○

맛있는 빵을 구워 모두에게 나눠주는 왕자.

41 고정관념

그 무엇도 우리를 가둘 수 없어!

고정관념*

이미 굳어져서 잘 바뀌지 않는 생각.

다양한 모습을 상상하지 못하게 가로막는 생각.

○

이런 말들은 고정관념이에요.
"여자는 가지런히 다리를 모으고 앉아야지."

○

"집안일은 엄마가 하는 거지."

○

"남자애가 왜 이렇게 소심하니?"

○

갇혀 있던 생각을 깨고 내가 원하는 모습을 찾아가요!

42 피부색

저마다의 멋진 색깔이 있어요!
한 가지 색으로 말할 수 없을 만큼요!

피부색 * 살갗의 색깔.

세상에 하나뿐인 나만의 색.

○

사람마다 달라요.

○

내 피부색만 해도 이렇게 다양해요.
힘껏 뛰어놀고 나면 나의 볼은 토마토같이 붉어져요.
추운 날에 밖에 오래 서 있으면 내 손은 파란색이 돼요.
화장실이 가고픈 걸 꾹 참고 있을 때는
얼굴이 노랗게 뜨기도 하죠.

43 **운동장**

운동장에서 다 같이 어울려 놀아요.

운동장 ** 운동이나 놀이를 할 수 있는 넓은 공간.

누나와 내가 있는 힘껏 공을 던지며 캐치볼을 하는 곳.

○

할머니가 밀어주는 그네를 타며 시간을 보내는 곳.

○

친구들 모두가 땀 흘리며 놀 수 있는 넓은 공간.

○

우리 모두를 위한 공간.

44 안전하다

나를 아껴주는 사람들과 함께 있을 때 드는 마음.

안전하다 ※ 위험이 생기거나 사고가 날 염려가 없다.

자전거를 탈 때 다치지 않도록 헬멧을 쓰는 것.

○

누구도 방해하지 않는 나만의 공간에 있을 때
느끼는 편안하고 포근한 마음.

○

밤늦게 길을 걸을 때
고모와 함께여서 무섭지 않은 것.
"고모는 나를 안전하게 지켜줄 수 있는 사람이에요."

45 불편하다

이해하기 어려운 상황에서 드는 마음.

불편하다* 몸이나 마음이 편하지 않고 괴롭다.

'숨을 쉬기가 힘들어.'
몸에 꽉 끼는 바지를 입었을 때 드는 느낌.

○

"어른들은 내 마음을 몰라줘!"
이야기가 잘 통하지 않을 때 드는 마음.

○

시각 장애인이 점자 안내판이 없는 길을 걸어갈 때 드는 마음.

○

"여자 꿈이 무슨 경찰이야?" "남자가 간호사를 하겠다고?"
주변에서 나를 인정하지 않을 때 드는 마음.

46 편안하다

거추장스러운 옷은 벗어 버리는 거야!
나다운 모습일 때 가장 편안해!

편안하다 ✽ ✽ 몸과 마음이 힘들지 않고 걱정이 없다.

무거운 책가방을 어깨에서 내려놓을 때 느끼는 기분.

○

이야기가 잘 통하는 친구와 있을 때 드는 마음.

○

도로에 걸림돌이 없어 유아차도 편하게 다니는 것.

○

"너의 꿈을 응원해!"
주변에서 나를 인정해 줄 때 드는 마음.

47 모두를 위한 디자인

모두가 편하게 이용할 수 있어요.

(유니버설 디자인)
모두를 위한 디자인*

*누구나 편하게 제품이나 서비스를 이용할 수 있도록 만든 디자인.

키가 작든 크든 편하게 잡을 수 있도록
버스 손잡이 높이를 다양하게 만드는 것.

○

장애인, 어린이, 임산부 누구나 편하게 이용할 수 있도록
화장실을 만드는 것.

○

영화관에서 귀가 들리지 않는 사람을 위해
자막으로 설명을 달아요.

○

휠체어 이용자를 위해 엘리베이터를 설치했더니
무거운 짐을 든 사람도 편해졌어요.

48 차별

어린이는 왜 들어갈 수 없나요?

차별* 서로 구별하여 다르게 대하는 것.

"여자애들이랑 공놀이하면 재미없어, 안 끼워 줄 거야."라고 말하는 것.

○

"무거운 물건은 남자가 들어야지."라고 말하는 것.

○

다른 나라에서 온 친구에게 "외국인이랑은 안 놀아."라고 말하는 것.

○

차별하는 건 부끄러운 행동이에요.

함께 읽는 보호자를 위한 도움말

국가인권위원회는 '노키즈존(NO-kids zone)'은 아동을 차별하는 행위라고 판단했습니다. 생각해보면 소란스러운 행위를 하는 사람 중에는 어른도 있고 어린이도 있어요. 그런데 노키즈존은 있지만 '노어덜트존(NO-adult zone)'은 없지요. 노키즈존이 금지하는 것은 '소란스러운 행위'가 아니라 '어린이라는 존재'입니다. 어린이의 입장을 막는 대신 조용하고 안전하게 공간을 이용하는 방법을 배울 기회를 주어 보는 건 어떨까요?

다 함께 평등으로 한 발짝.

 **차별이 없는 상태.**

어린이가 어른에게 어려움 없이
자기 생각을 말할 수 있는 것.

○

성별에 상관없이 세상을 뒤흔들 꿈을 꾸는 것.

○

어리거나 장애가 있다는 이유로
들어가지 못하는 공간이 없는 것.

○

우리 모두가 노력해야만 이룰 수 있어요.

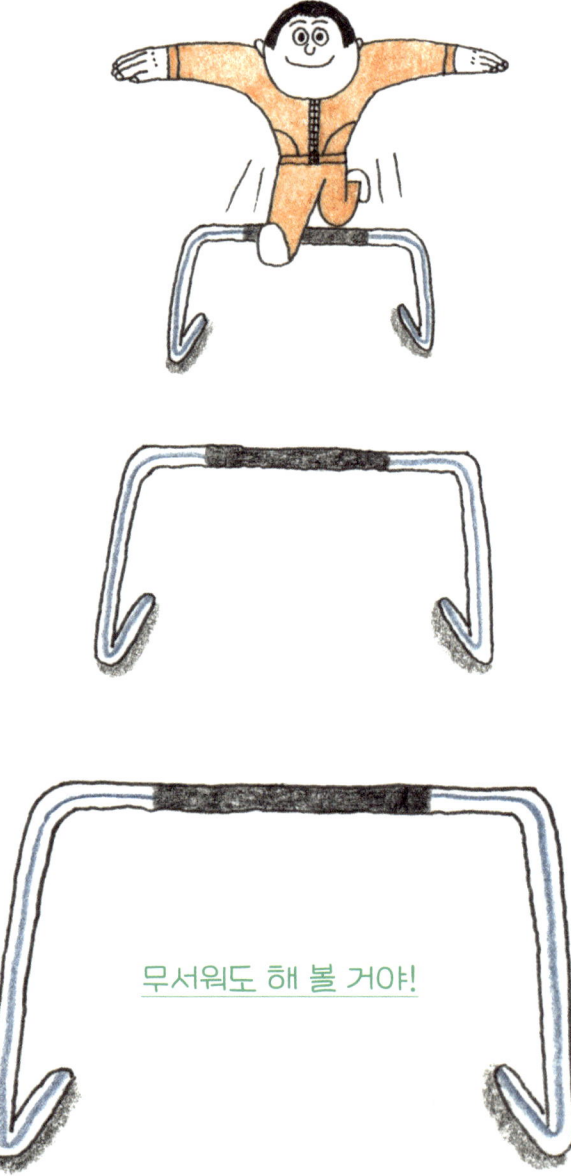

무서워도 해 볼 거야!

도전 **어떤 일을 해내기 위해 어려움에 맞서는 것.

한 번도 해본 적 없는 일을 시작하기 위한
용기를 내는 것.

○

오늘은 물구나무서기에 실패했어도
내일 또 해 보는 것.

○

"누나에게 선물을 만들어 주려고
뜨개질을 배우기 시작했어요."

○

우리의 하루하루는 크고 작은 도전으로 채워져요.

51 이끌다

나를 따르라!

이끌다 * 앞서서 남을 따라오게 하다.

스케이트 팀 주장인 누나가 멋진 작전을 세우고 팀을 격려하는 것.

○

"엄마는 회사를 이끄는 사장님이에요."

○

청소년이 환경 보호 운동에 앞장서는 것.

○

"미래의 변화는 우리가 이끌어요."

"언젠가는 꼭 덩크슛을 해낼 테야!"

꿈 * 꼭 이루고 싶은 바람이나 희망.

상상만으로도 가슴이 설레는 소망.

○

삼촌은 플로리스트가 되겠다는 꿈을 이루었어요.

○

언니는 매일 과학책을 읽으며
우주 과학자가 되는 꿈을 꿔요.

○

나이도, 성별도 꿈을 가로막을 수 없어요.

53 권리

모두의 권리는 존중받아야 해요.

권리 ** 어떤 일을 하거나 요구할 수 있는 정당한 힘.

사람이라면 누구나 가지고 있는 것.
어린이에게도 당연히 있는 것.

○

실수해도 다시 도전할 수 있는 권리.

○

아무리 큰 잘못을 해도 맞지 않을 권리.

○

손을 잡고 싶지 않을 때 싫다고 말할 권리.

○

내 권리를 지켜요.
다른 사람의 권리도 지켜질 수 있도록 함께 노력해요.

사랑 ※ 소중하게 아끼고 좋아하는 마음.

친구가 슬퍼할 때 나도 함께 속상한 마음이 드는 것.

○

상대가 지금 무엇을 하고 있을지,
무슨 생각을 하고 있는지 궁금해지는 마음.

○

내가 더 용감한 행동을 할 수 있게 하는 마법 같은 감정.

○

"우리 고양이를 생각만 해도 좋아서 웃음이 나요."

○

누구나 사랑하고, 사랑받을 권리가 있어요.

무지개 ** 비가 온 뒤 하늘에 나타나는 여러 색깔의 띠.

거센 비가 온 뒤 맑아진 하늘에 뜨는 무지개처럼,
힘든 일이 지나면 좋은 일이 찾아오지요.

○

무지개는 평화와 다양성을 뜻하기도 해요.

○

무지개는 다양한 색이 모였을 때 더 빛나요.

○

서로 다른 우리도 함께 어우러졌을 때 더욱 아름답지요.

어떻게 말해야 할까?

차별 없는
말 사전

초판 1쇄 발행 2022년 8월 8일
초판 4쇄 발행 2024년 8월 5일

지은이 아웃박스
그린이 소복이

펴낸이 김남전
편집장 유다형 | 편집 김아영 | 외주디자인 김선미
마케팅 정상원 한웅 정용민 김건우 | 경영관리 임종열

펴낸곳 ㈜가나문화콘텐츠 | 출판 등록 2002년 2월 15일 제10-2308호
주소 경기도 고양시 덕양구 호원길 3-2
전화 02-717-5494(편집부) 02-332-7755(관리부) | 팩스 02-324-9944
홈페이지 ganapub.com | 포스트 post.naver.com/ganapub1
페이스북 facebook.com/ganapub1 | 인스타그램 instagram.com/ganapub1

ISBN 979-11-6809-039-2 (73190)

※ 책값은 뒤표지에 표시되어 있습니다.
※ 이 책의 내용을 재사용하려면 반드시 저작권자와 ㈜가나문화콘텐츠의 동의를 얻어야 합니다.
※ 잘못된 책은 구입하신 서점에서 바꾸어 드립니다.
※ '프로젝트P.'는 ㈜가나문화콘텐츠에서 진행하는 프로젝트 그룹명입니다.

project p. 창작자들의 파트너가 되어 공공의 이익이 되는 이야기를 전하는 프로젝트 그룹입니다.

- 제조자명 : ㈜가나문화콘텐츠
- 주소 및 전화번호 : 경기도 고양시 덕양구 호원길 3-2 / 02-717-5494
- 제조연월 : 2024년 8월 5일
- 제조국명 : 대한민국
- 사용연령 : 4세 이상 어린이 제품

프로젝트P.는 당신의 소중한 의견을 기다립니다.
아이디어나 문의사항이 있으신 분은 이메일 project-promise@naver.com으로 보내주세요.

※ 참고 자료: 서울시 성평등 언어사전